AF337954

UN

Républicain du Lendemain

AUX REPRÉSENTANTS

DE L'ASSEMBLÉE NATIONALE.

LE MANS

IMPRIMERIE DE GALLIENNE, RUE DE LA PAILLE, 10.

PARIS

LOUIS LABBÉ, LIBRAIRE,

Rue Saint-André-des-Arts, 51.

1848.

$\mathscr{A}$ $\mathscr{M}$ *** ,

Candidat à la Représentation Nationale.

MON CHER AMI,

Vous avez toujours été franc et loyal républicain, j'étais, moi, resté attaché à la monarchie légitimiste, parce que je la considérais comme un gage de confiance et de sécurité.

L'élan spontané de tous les peuples civilisés vers une ère nouvelle de liberté a naturellement modifié mes opinions ; j'ai compris que vouloir rester en arrière du progrès, dans ce qu'il a de juste et d'honnête, serait l'acte d'un mauvais citoyen : aussi sommes-nous aujourd'hui, j'en suis sûr, bien près de nous entendre.

Pas plus que moi, vous ne voudriez d'une république où l'on verrait un pitoyable pastiche du passé, ou qui se bornerait à servir de marche-pied à des ambitions soi-disant incomprises.

Salut et amitié,

CH. RICHELET.

Luc-sur-Mer, le 20 avril 1848.

PROFESSION DE FOI.

Je suis républicain du lendemain ; c'est dire que je n'ai jamais conspiré pour établir la République, mais aussi je n'ai rien fait pour la combattre.

Je l'adopte sans arrière pensée, sans restriction; mais je la veux grande et forte, je la veux noble et puissante; je la veux grande et forte à l'intérieur, je la veux noble et puissante au dehors.

Point de grandeur et de force sans l'union, sans la confiance; point de noblesse et de puissance avec l'inexpérience qui sape le vieil édifice avant de savoir poser des fondements solides pour le réédifier.

Point de grandeur et de force en dépouillant les vaincus au bénéfice des vainqueurs, point de noblesse et de puissance en laissant le budget de l'État devenir une curée pour les intrigants.

Point de grandeur et de force, point de noblesse et de puissance en faisant mentir les trois
mots que la République a pris pour devise.

Vouloir remettre aujourd'hui en question la
forme du gouvernement serait un acte coupable,
car ce serait prolonger la misère qui s'en va
chaque jour pesant d'une manière plus horrible
sur la classe industrielle, sur la classe ouvrière.
Ce serait mal comprendre la fraternité que nous
enseignait, il y a tantôt dix-neuf siècles, celui
qui, du fond de l'Orient, fit briller pour tous les
peuples les premiers éclairs de la liberté.

J'adopte donc la république comme le seul

gouvernement possible en France après les essais malheureux que nous avons faits de la monarchie constitutionnelle. Mais je veux une république où la souveraineté populaire ne soit pas un mensonge. Que Dieu nous préserve de l'Oligarchie, que Dieu nous préserve surtout de la Dictature.

Liberté. -- Egalité. -- Fraternité.

—

La *liberté* ne peut exister sans l'ordre, en dehors de l'ordre c'est la licence ; la licence conduit droit à l'anarchie.

La liberté ne peut exister avec la violence, tout acte de violence est un crime contre la liberté ; tout acte de violence conduit au despotisme.

La liberté doit donc avoir des bornes, si on ne veut pas qu'elle dégénère de sa noble origine, si on ne veut pas qu'elle devienne une plaie pour la société.

Ce que j'admets sans restriction, c'est la liberté de la pensée, c'est la liberté de conscience, c'est la liberté d'action individuelle, pour peu qu'elle ne soit pas en opposition avec les préceptes de la morale. Ces trois ordres d'idées peuvent se traduire ainsi : Liberté de la presse liberté des cultes, liberté de l'enseignement.

—

Pour donner au mot *Egalité* son extension la plus complète, il faudrait que l'homme eût le pouvoir de refaire la nature humaine. Il faudrait que chacun fût doué de la même dose d'intelligence, que chacun eût les mêmes goûts, les mêmes aptitudes, les mêmes besoins, les mêmes passions. Un peuple ainsi fait ressemblerait à l'huître sur son rocher. Vouloir même établir l'égalité dans l'identité des conditions sociales, ce serait une rêverie sans avenir, mieux que cela, ce serait une injustice.

La véritable égalité, c'est celle qui permet à chacun de défendre ses droits devant la loi; la véritable égalité, c'est celle qui permet à chacun de sauvegarder ses libertés.

En dehors de cela, tout est illusion, tout est mensonge, tout est subversif de l'équilibre social.

—

Il ne suffit pas d'avoir inscrit le mot *Fraternité* sur les drapeaux de la République, il faudrait que ce mot fût une vérité; il faudrait qu'il fût compris dans sa plus large acception, comme l'enseigne le plus beau livre des temps anciens et des temps modernes.

Fraternité! Ce mot noble et doux demande le pardon des injures, il accueille les esprits égarés, il travaille à détruire les haînes, à néantir les partis. Il veut que le fort protége le faible, que le riche soulage le pauvre, que le puissant vienne en aide à l'opprimé. Il condamne à jamais les intrigants qui d'une main envieuse se jettent à la curée sur les dépouilles de leurs frères, au moment où ceux-ci viennent d'être déshérités.

—

Pour inspirer une juste confiance dans la devise du nouveau drapeau, la *Liberté* doit être la même pour tous et ne pas dégénérer en licence ; l'*Egalité* ne doit pas être subversive de toutes les positions sociales ; la *Fraternité* ne doit pas être un mensonge.

—

Démocratie.

Vouloir fonder un gouvernement républicain sur les bases ébranlées d'une monarchie, ce serait bâtir sur le sable un somptueux édifice qui bientôt ensevelirait toute la famille sous ses ruines.

La base essentielle des monarchies et des gouvernements despotiques repose sur la centralisation complète des pouvoirs ; cette même centralisation, nécessaire à leur existence, les

2

conduit tôt ou tard à leur perte, dès que les peuples c ommencent à comprendre leurs droits et se croient assez forts pour réclamer de justes libertés.

La centralisation est une de ces monstruosités iniques contre laquelle plusieurs esprits distingués se sont élevés depuis longtemps, mais peut-être pas avec un accord assez unanime pour en faire comprendre tout l'odieux, pour en faire ressortir toute l'injustice.

En effet par quel art machiavélique a-t-on concentré toute la France à Paris ? Comment a-t-on pu briser les volontés de trente quatre millions d'habitans, parqués sur un vaste territoire, et les réduire au rôle de véritables moutons de Panurge ? Comment est-on parvenu, dès que la voix formidable de Paris s'élève, à faire retentir le même cri sur les points les plus éloignés du sol, si ce n'est par l'abus d'une incompréhensible centralisation?

Nous avons demandé des réformes ; la première de toutes à obtenir c'est d'émanciper les départements de la tutelle sous laquelle ils languissent dans une honteuse inaction ; c'est d'enlever au pouvoir central le droit de les conduire à la lisière.

Mais qu'on n'aille pas donner à mes paroles un sens que je n'ai jamais songé à leur prêter. En m'élevant contre les abus de la centralisation, je suis bien loin de vouloir renverser l'unité d'action dans l'État ; je voudrais au contraire lui donner de nouvelles forces, s'il était possible, par les liens d'une démocratie toute fraternelle.

Ce que je demande , c'est que la main du peuple soit libre de choisir à sa volonté tous les

ressorts de la grande machine gouvernemen-
tale; c'est que chaque commune, chaque canton,
chaque arrondissement, chaque département
soient administrés par des hommes de leur
choix, tout en se soumettant aux lois générales
destinées à régir la nation.

Et soyez tranquilles, l'admirable instinct du
peuple se trouve rarement en défaut quand il
s'agit de défendre ses intérêts; les choix tombe-
raient toujours sur les hommes les plus dignes,
sur les hommes les plus capables.

J'expliquerai tout à l'heure, en quelques mots,
dans un projet de constitution, comment je voudrais faire fructifier au bénéfice de tous, ces
idées où respire la démocratie la plus pure.

Fonctions honorifiques.

—

Dans les gouvernements purement monarchiques, les hautes fonctions de l'Etat apportent aux titulaires considération et profit, car il faut des hommes dévoués au système du prince, en dehors des intérêts de la nation et on les achète à prix d'argent.

Dans un gouvernement établi sur le pied de l'égalité, où les hommes appelés au pouvoir par les vœux du peuple n'ont jamais besoin de recourir à la fraude et à l'intrigue, il est inutile de payer les consciences. On ne manquera jamais d'hommes disposés à servir utilement leur pays en échange de l'honneur que le pays voudra bien leur concéder.

Il faut que celui qui possède donne son temps gratuitement pour la cause commune ; il trouvera une rémunération suffisante dans la reconnaissance de ses concitoyens.

Rendez gratuites les fonctions de ministres, de conseillers d'État, de maître des requêtes, de préfets, etc. , etc.

" Et surtout laissez gratuit l'honneur de représenter la nation.

Avez-vous jamais manqué de députés, de maires, de conseillers généraux, de conseillers municipaux ?

Vous semblez craindre de ne pouvoir ainsi employer toutes les intelligences. Eh ! la France déborde d'intelligences. Combien n'en avez-vous pas usé depuis 25 ans auxquelles vous aviez décerné des couronnes civiques ? Vous aviez fermé une porte aux intrigants, voilà tout ; vous aurez sapé la base honteuse de la corruption.

Soyez tranquilles, en fait de ministres, de préfets, vous n'aurez que l'embarras du choix.

Et vous aurez des hommes libres, des hommes dévoués à la cause de la nation, et non des valets du pouvoir quel qu'il soit.

Ne jetez pas des cent mille francs et plus à la tête de vos receveurs-généraux. Il vous faut de grands capitalistes, parce qu'il vous faut de grands cautionnements ; donnez-leur dix pour cent d'intérêt de ces cautionnements ; vous les forcerez ainsi à travailler pour retirer un bénéfice *certain* de leurs capitaux.

Donnez des frais de représentation à vos hauts fonctionnaires. Par exemple, vingt mille francs à vos ministres, quelques mille francs à vos préfets.

Réduisez vos ministres à quatre ou cinq, abolissez toutes les sinécures, taillez impitoyablement toutes les superfétations parasites des administrations. Les rouages inutiles d'une mécanique entravent sa marche et rendent ses mouvements plus difficiles.

Vous blesserez quelques individualités.

Vous satisferez la masse de la nation tout entière, car vous avez à faire un meilleur emploi de votre budget.

Fonctionnaires-Ouvriers.

—

Je l'ai dit et je le maintiens ; l'idée de partager le budget aux hautes fonctions honorifiques pour créer des hommes entièrement dévoués au gouvernement de fait sera toujours la ruine de la véritable liberté.

Pour avoir des hommes dévoués à la cause publique, pour avoir des hommes indépendants, il ne faut pas que leur conscience succombe sous le poids de leur traitement.

Ce serait adopter le honteux *ote-toi de là que je m'y mette* ; ce serait un honteux plagiat des gouvernements déchus.

L'état doit rémunérer les fonctionnaires utiles, il ne doit pas les enrichir. Je ne voudrais pas qu'il y eût un seul traitement au-dessus de dix mille francs ; mais aussi je ne voudrais pas qu'il y en eût un seul dans les villes au-dessous de quinze cents francs.

De malheureux employés, obligés de donner chaque jour huit heures de leur temps aux travaux fastidieux de la bureaucratie, sont souvent moins rémunérés qu'un manœuvre, bien qu'ils aient comme lui une famille à nourrir et à élever ; c'est le comble de l'injustice, c'est un pitoyable abus qu'on doit se hâter de faire disparaître.

Il ne faut pas que ceux, dont la tâche est souvent la moins lourde à supporter, viennent prendre dans le budget une part qui leur permette de se procurer toutes les jouissances de la vie, quand les véritables travailleurs y trouvent à peine le nécessaire.

C'est ainsi que je voudrais entendre la Fraternité; c'est ainsi que je voudrais briser la pire de toutes les aristocraties, l'aristocratie des fonctionnaires trop richement rétribués.

Organisation du Travail.

—

Savez-vous quelle est la vraie manière d'organiser le travail? c'est de le multiplier, c'est de faire que la masse des travaux dépasse toujours celle des ouvriers nécessaires pour les confectionner.

Quant à faire des réglements qui enchaînent la liberté des uns au bénéfice des autres, c'est une injustice, je vais plus loin, c'est un moyen désastreux.

Il y a un point dont on ne peut se départir : la valeur de la production se base sur le prix de la main-d'œuvre ; la consommation augmente ou diminue en raison du prix de la production.

L'industrie se déploie par la concurrence et la concurrence tourne au profit de tous.

Je ne parlerai pas ici de ces vastes entreprises à la tête desquelles se rencontrent de riches capitalistes qui trouvent le moyen de doubler leurs fonds en se donnant seulement la peine d'ouvrir leurs coffres-forts , là je comprendrais l'association de l'or et de l'intelligence. Mais si j'envisage tous les corps d'état dont les maîtres ont commencé par être compagnons et dont tous les compagnons d'aujourd'hui , doués d'ordre, d'économie et de bonne conduite, sont appelés à devenir maîtres à leur tour , je me bornerai à faire un appel au bon sens des ouvriers et je leur dirai :

Quel droit l'Etat a-t-il, sans blesser la liberté individuelle, de s'immiscer dans le contrat que vous faites avec un maître pour lui vendre le produit de votre temps ?

L'État ne pourra jamais forcer un maître à prendre des ouvriers au-delà de ses besoins ; autrement ce serait le forcer à sa ruine et tous les maîtres se feraient compagnons.

Le prix de la main-d'œuvre faisant augmenter les productions depuis les matières premières jusqu'à la parfaite fabrication, l'écoulement des productions diminuera nécessairement. Les maîtres ne voudront plus admettre que des ouvriers habiles, que deviendront les ouvriers médiocres ?

Tel ouvrier est capable de gagner cinq francs, tel autre en gagnerait à peine trois.

Dans une organisation générale du travail on ne peut faire de lois d'exception ; si l'on régularise les heures de la journée, si l'on fixe le minimum des prix , ces règles établies en faveur des villes , s'appliqueront sans nul doute aux populations rurales.

Les fermiers ne pourront plus demander que dix heures, je suppose , à leurs hommes de peine, au lieu d'en exiger quinze ou seize. Ils seront obligés de les payer trois francs au lieu d'un franc 25 ou 1 franc 50 , autrement il n'y aura plus de grands valets et d'hommes de journée , tous voudront se faire cordonniers ou tailleurs, charpentiers ou maçons.

Cet état de choses produirait un coup mortel, vous le comprenez, pour l'artère vitale de la patrie.

Il y a dans certaines contrées de la France , un quart du sol resté sans culture par suite du haut prix de la main-d'œuvre ; si vous l'élevez encore , il faudra remettre en friche les terrains de qualité inférieure.

Et quand cela n'arriverait pas ; il n'y en aurait pas moins augmentation forcée sur les denrées de première nécessité.

En dehors de ce système , j'ai la ferme conviction que toutes les théories égarent les travailleurs, sont contraires à leurs intérêts et les conduisent à la misère au lieu d'améliorer leur sort.

Je l'ai dit et je le répète comme une vérité incontestable ; le prix de la production se nivèle toujours sur le prix de la main-d'œuvre.

Qu'aura donc gagné l'ouvrier quand sa journée de trois francs sera portée à quatre , s'il est obligé de payer le pain 40 centimes au lieu de trente le kilogramme , quand il payera la viande 2 francs au lieu d'un franc cinquante ;

quand un habit qu'il paye trente francs, lui en coûtera quarante?

On aura diminué la masse des travaux, on aura mis des entraves à l'élan de l'industrie, car toutes les fortunes seront contraintes de restreindre leurs dépenses de luxe, en se trouvant obligées de payer un prix plus élevé les objets de consommation ordinaire.

Ouvriers intelligents,

Je vous ai parlé le langage de la raison; ne vous laissez pas illusionner par des utopies mensongères, ce n'est pas dans les perturbations que vous trouverez une amélioration à votre sort, mais voici comment j'entends sauvegarder vos intérêts et vous assurer le pain que la patrie doit à ses enfants.

Ateliers nationaux.

—

Citoyens, membres de l'Assemblée Nationale,

Je vous ai demandé de ménager la part du budget que dévorent toutes les sinécures ; je vous ai demandé de rendre gratuites toutes les hautes fonctions honorifiques ; je vous demande une économie facile de cent millions.

Au lieu d'engraisser une troupe de séides inutiles, je vous demande de consacrer ces cent millions au bien-être du peuple en créant des monuments ou en exécutant de grands travaux d'utilité générale, qui feront un jour l'honneur et la gloire de la France.

Fondez dans chaque département des ateliers nationaux, de vastes exploitations rurales ; dotez chacun de ces établissements d'un million de francs, fixez dans ces ateliers de la nation les heures de la durée du travail effectif, prenez pour base du salaire la moyenne des prix de chaque localité, soyez toujours prêts à accueillir l'ouvrier inoccupé et demandez-lui, en revanche du pain que lui assure la nation, un travail consciencieux et une bonne conduite.

Vous aurez atteint un triple but :

Vous aurez établi les seules bases possibles et justes de l'organisation du travail ;

Vous aurez élevé des digues contre l'invasion de la misère ;

Vous aurez concouru à moraliser le peuple.

Quant à la nature des travaux, vous n'éprouverez pas d'embarras ; vous éléverez s'il est nécessaire de vastes monuments consacrés aux sciences et aux arts , destinés aux assemblées de la nation ; vous construirez des maisons de refuge pour les vieillards infirmes et nécessiteux; vous établirez sur le littoral de vastes ateliers de marine , vous ouvrirez des routes , vous creuserez des canaux.

Mieux que cela encore : gardez-vous d'adopter l'idée mesquine de vendre les forêts de l'Etat, cette ressource puissante du pays, qui s'en va toujours s'amoindrissant, qui finira par devenir nulle chez les particuliers et tellement réduite dans les propriétés du domaine , que bientôt pour établir la quille d'un bateau nous serons obligés de devenir tributaires de nos voisins.

Gardez-vous, dis-je, de vendre les forêts de l'Etat; occupez-vous au contraire de les améliorer. Elles renferment une grande quantité de terrains vagues; faites-en reboiser une partie, livrez le reste à l'agriculture.

Faites-en autant de ces vastes terrains appartenant aux communes et encore livrés à la vaine pâture, ce vieux reste de féodalité.

Faites-en autant de ces nombreux marais qui vicient l'air des populations voisines, vous pourrez ainsi attirer les ouvriers nécessiteux dans les campagnes;

Vous pourrez essayer là toutes les théories de la vie en commun,

Vous augmenterez les ressources de la production en céréales qui devient chaque jour plus nécessaire pour la population qui s'accroît ;

Vous accorderez si vous voulez en primes à l'ouvrier la moitié de ces terrains, aujourd'hui sans valeur, afin de le mettre en état de s'assurer un sort pour l'avenir ; et dans un nombre d'années peu considérable, l'impôt seul vous paiera largement l'intérêt de vos avances.

Vous forcerez par là l'industrie privée à se multiplier et vous lui en donnerez les moyens.

Je vous demande encore de ne plus concéder les grands travaux entrepris au moyen des deniers de l'Etat, à la spéculation particulière. Je vous demande de les faire exécuter par les ateliers de la nation.

Mais pour les corps-d'état livrés à l'industrie individuelle, je vous le dis hautement, vous n'avez pas le droit d'intervenir dans le contrat passé entre l'ouvrier et le maître sans blesser les bases fondamentales de la liberté.

Vous aurez tout concilié en établissant un minimum de salaire dans vos ateliers nationaux, car au-dessous de ce prix le maître ne pourra plus trouver d'ouvriers, et il sera obligé de s'y conformer pour ses spéculations privées.

L'ouvrier ne manquera plus de travail ; ce travail sera justement rémunéré.

De grâce avant tout, gardez-vous bien d'adopter ces idées dangereuses qui veulent donner à l'état le monopole de toutes les industries pour régulariser le salaire, car le jour où il se ferait cordonnier, vous seriez obligés d'aller en sabots, si vous ne vouliez payer une paire de bottes quatre-vingts ou cent francs.

Qu'il fasse la concurrence à l'industrie, rien de mieux, mais qu'il ne l'absorbe pas.

Sa concurrence d'ailleurs ne sera pas nuisible; l'Etat ne sait pas travailler avec économie; en dehors du monopole, il ne pourrait livrer ses produits sans perte.

Avec le monopole, il poserait une main de fer sur toutes les intelligences qui s'agitent sans cesse pour innover et pour produire des objets d'utilité ou d'agrément, abordables par les bourses les plus restreintes.

Il nuirait au bien-être général, il ne serait utile à personne.

Protection pour tous, liberté pour tous.

Guerre. — Armée.

—

Il est des vérités si banales qu'on ose à peine les repéter.

Pour avoir la paix et pour la conserver il faut savoir continuellement se préparer à la guerre.

Je suis loin de demander la réduction de nos forces militaires, je voudrais au contraire que la France fût toujours prête à mettre un million d'hommes sous les armes.

Mais deux cent mille hommes suffiraient pour le service effectif en temps de paix ; le reste , mis en cadre de réserve , serait renvoyé dans ses foyers jusqu'à l'expiration de son temps et ne serait libéré qu'après avoir reçu un congé définitif.

Ce serait un immense service rendu à l'agriculture qui manque de bras ; ce serait une énorme économie pour le budget.

On demande dans la marine aux jeunes conscrits de passer trois ans sur un bateau de l'Etat ; trois ans de présence au corps suffiraient aux jeunes soldats pour se former au maniement des armes et pour se plier à la discipline.

Mais les abus que je voudrais réprimer , ce sont les changements capricieux d'uniformes et d'équipement qui dépensent nos millions sans aucun fructueux résultat et qui sont presque toujours la source de marchés honteux.

C'est de forcer de bons et loyaux serviteurs à prendre leurs retraites, quand ils sont encore pleins de vigueur pour défendre la patrie, afin de mettre à leur place de nouvelles créatures dont on achète ainsi le dévouement.

C'est de donner une partie des grades à la faveur quand le mérite joint à l'ancienneté devrait seul avoir des priviléges.

C'est de donner aux officiers inférieurs un traitement suffisant pour vivre honorablement afin qu'ils ne laissent pas après eux des dettes dans chaque garnison ; car par ce moyen on déconsidère l'armée aux yeux des citoyens, on déconsidère les chefs aux yeux du soldat et on donne à celui-ci un exemple déplorable.

C'est surtout de ne pas semer les germes de l'indiscipline dans les rangs de l'armée ; c'est de ne pas rendre odieux à la population les nobles défenseurs de la patrie, car même quand ils sont appelés à maintenir l'ordre intérieur, ils remplissent leur devoir le plus sacré, celui de l'obéissance.

C'est enfin de ne pas gaspiller la vie des hommes comme on a trop longtemps gaspillé les deniers des contribuables.

Crise financière.

—

De toutes les maladies qui puissent serrer au cœur un gouvernement naissant, la plus grave, à n'en pas douter, s'appelle crise financière.

La crise financière provient de la cessation du crédit, et le crédit tout entier repose sur la confiance.

Sans confiance point de crédit, sans crédit pas de commerce, sans commerce pas de travail, sans travail la misère, une horrible misère pire que celle enfantée par la cherté du pain.

Qu'eût-il donc fallu faire pour éviter cet état de choses ?

Il n'eût pas fallu blesser des susceptibités et renverser, sans nécessité, des positions acquises.

Il n'eût pas fallu exiger des dévouements absolus , quand on avait blâmé le gouvernement déchu d'avoir demandé des dévouements sans bornes.

Il n'eût pas fallu que l'intimidation remplaçât la corruption, que l'arbitraire remplaçât la loi.

Il n'eût pas fallu abolir des impôts facultatifs et y suppléer par un redoublement d'impôts sur la propriété déjà si rudement grevée ; car c'était léser les intérêts de plus des trois quarts de la nation, la propriété se trouvant aujourd'hui divisée à l'infini, et c'est l'agriculture , cette mère nourricière du peuple, qui en reçoit toujours le plus rude coup.

Il n'eût pas même fallu modifier la nature des octrois et abolir l'impôt sur le sel; c'était à la représentation nationale à introduire peu à peu ces améliorations.

Au lieu de diminuer les hauts emplois, déjà trop multipliés, il n'eût pas fallu en créer de nouveaux, pour satisfaire des ambitions et s'attacher des partisans.

Il n'eût pas fallu dilapider les deniers de l'État pour soutenir un enthousiasme sans conviction.

Il n'eût pas fallu leurer la classe ouvrière, déjà souffrante, par des promesses illusoires.

Il n'eût pas fallu jeter l'inquiétude dans tous les esprits.

La spéculation, amie de la paix et de la tranquillité, engendre le travail ; le commerce prospère par le luxe et non par l'égalité des conditions.

L'impôt sur les chevaux est une faute grave surtout au moment où chacun se croit obligé, par économie, de vendre ceux qu'il possède; c'est un coup donné à une branche importante de l'agriculture, c'est un coup donné à la sellerie , à la carrosserie et à toutes les industries qui s'y rapportent.

L'impôt sur les domestiques mâles n'est pas une erreur moins grave; c'est engager les maîtres, déjà trop disposés à le faire, à diminuer le personnel de leur maison; c'est ôter leur existence à une foule d'hommes incapables d'un travail sérieux et les mettre à la charge de l'État, quand l'État a lui-même tant de misères à soulager.

L'impôt sur les chiens frappe beaucoup plus le pauvre que le riche. Les pauvres nourrissent plus de chiens que les riches. Le riche supportera l'impôt sans se plaindre, le pauvre se verra contraint de se séparer de son plus fidèle ami.

Voilà où conduit le besoin irréfléchi des innovations; on a voulu faire de la popularité en vue des élections, on a créé des ennemis à la République et rien de plus.

Ce n'était pas ainsi qu'il fallait agir pour ramener la confiance et faire cesser la crise financière.

A l'assemblée nationale appartenait seule le droit d'asseoir et de modifier l'impôt; tout ce

qu'on a décrété en dehors d'elle est une usur-
pation sur les droits et sur les libertés du peuple. De là, les craintes de diverses natures qui
se sont emparées de tous les esprits.

Le numéraire ne manque pas; ce qui manque
c'est la confiance; c'est elle qui, battue de tous
points, a produit la crise financière, a fait suspendre les payements des banques, a fait fermer
les grands ateliers.

Messieurs les représentants du peuple,

Le temps presse, si vous ne vous hâtez de
faire renaître cette confiance, elle vous entraînera
tous, elle nous entraînera tous dans sa ruine.

Impôt. — Budget.

—

L'impôt est une chose juste, il est même nécessaire au bien être des contribuables, car il
concourt à la prospérité de l'Etat. Mais il faudrait qu'il fût réparti avec une stricte équité,
il faudrait qu'il pesât principalement sur les
classes riches, sans que le peuple, obligé de vivre
de son travail, en reçut toujours le contre-coup.
Quand l'impôt frappe outre mesure sur la propriété territoriale, il s'attaque à l'agriculture,
qui, au lieu d'être accablée de nouvelles char-

ges, aurait besoin des plus sérieux encourage-
ments, il fait augmenter les denrées alimentaires,
et c'est toujours au détriment du peuple, car
c'est le peuple qui consomme en plus grande
quantité les productions du sol.

Quand l'impôt frappe outre mesure sur l'industrie et le commerce, il les paralyse en partie,
il excite à l'économie sur le prix de la main
d'œuvre, et c'est encore au détriment du peuple.

Que l'on crée des impôts facultatifs sur les
objets qui ne sont pas d'une utilité indispensa-
ble, rien de mieux : que l'on en mette sur certains objets du luxe, tout le monde applaudira ,
mais surtout que l'on atteigne l'opulent capita-
liste qui, à l'abri de toutes les charges , tire
quatre ou cinq pour cent de son numéraire ,
quand la propriété, placée dans les conditions les
plus favorables, en obtient à peine deux et demi.

- Le problême parait difficile au premier abord, mais avec un peu de bonne volonté il n'est pas insoluble.

—

Napoléon disait :

« Avec des budgets bien employés on créerait le monde. »

Le budget de l'Empire ne dépassait pas sept cent cinquante millions, aujourd'hui il s'élève à plus d'un milliard et demi.

Je me suis bien gardé de demander, pour le présent, aucune réduction sur l'impôt, mais je demande de sévères économies sur le budget.

Plus de fonds secrets ; plus de gratifications ; plus de pensions occultes ; plus de marchés clandestins ; plus de sommes spéciales à la disposition de certains hommes ou de certaines administrations.

Que le budget soit publiquement et loyalement établi, et que le dernier des contribuables puisse se rendre compte de l'obole qu'il a fournie pour les besoins de l'Etat.

—

Vote universel.

—

Le vote universel est le droit le plus juste d'un peuple libre ; c'est en même temps la garantie la plus certaine pour un gouvernement fondé par le peuple.

Mais pour que le vote universel ne soit pas une pitoyable comédie ; pour qu'il ne soit pas livré à l'intrigue des factions, pour qu'il ne soit pas à peu près absorbé tout entier par les villes au détriment des vingt millions d'habitants qui couvrent le sol de nos campagnes, il est absolument nécessaire d'adopter l'élection à deux degrés.

On a paru rejeter ce mode d'élection comme contraire aux libertés et aux droits individuels, c'est une erreur profonde, si ce n'est pas une amère ironie, car les quatre cinquièmes des électeurs ne savent pas ce que l'on attend d'eux en leur demandant une liste de candidats pour la représentation nationale. Les cours de politique *républicaine*, professés par les instituteurs primaires , ne feront pas changer cet état de choses.

En effet l'homme modeste, occupé à la culture de son champ, et les ouvriers dont il est entouré, éloignés de tous les grands centres de population où s'agitent les passions, ne conçoivent pas d'intérêts en dehors du lieu où ils se trouvent implantés.

Voulez-vous savoir leur réponse quand on leur parle de vote universel, de leurs droits, de leurs devoirs :

« Tout cela ne me regarde pas; qu'on diminue
» nos impôts, ce sera le meilleur gouvernement;
» je ne veux pas perdre ma journée pour don-
» ner ma voix à un homme que je ne connais
» point. »

Et qu'on ne s'imagine pas que cela s'applique
à la portion inculte et inintelligente de la population rurale, cela s'applique à la masse presque
entière des individus. On peut mettre en fait
sans craindre de se tromper que sur cent votes
déposés dans l'urne, quatre vingt-dix passeront
par l'étamine du maire, du curé, du percepteur,
ou d'autres influences de cette nature et surtout
de l'instituteur, dont on a eu soin de faire *l'édu-
cation* et qui se propose gratuitement d'*écrire*
tous les bulletins de la commune.

L'inconvénient que je viens de signaler dis-
paraîtrait sans nul doute si chaque commune,
suivant son importance, pouvait désigner un ou

plusieurs mandataires chargés de défendre ses intérêts.

Oh ! alors les choix se feraient avec connaissance de cause et seraient l'expression sincère de la conscience individuelle.

Je voudrais que le mandat de ces électeurs de second degré, véritables hommes d'affaires des communes, eût la durée de celui confié aux représentants du peuple.

Je voudrais qu'ils eussent pour mission de nommer les représentants, de nommer les conseillers généraux, de nommer les préfets et les autres fonctionnaires du département.

Je voudrais que tous les ans ils fussent convoqués au chef-lieu pour y faire connaître les besoins ou les ressources de leurs localités respectives, pour y contrôler la conduite de leurs délégués à la grande représentation nationale, pour être consultés sur les hautes questions politiques.

Ne serait–ce pas là une marche administrative dirigée tout entière par l'élément démocratique, d'où la fraude et la corruption seraient à jamais bannies, et où la probité et la capacité seules pourraient espérer de trouver place.

Si l'on n'a pas menti quand on a demandé un gouvernement dirigé par la puissance populaire, il faut que cette puissance s'étende jusqu'à ses plus larges limites; il ne faut pas dénier tout moyen de l'exercer.

Que Paris reste le cœur de la France, rien de mieux; mais que les nombreuses artères dont il reçoit la vie ne demeurent pas implacablement soumises aux caprices de sa population nomade.

Assemblée Nationale.

—

Si j'avais voulu briguer les honneurs de la représentation nationale, je me serais borné à cette simple déclaration :

« Je veux la liberté pour tous et par tous ; Protection pour tous, justice pour tous. »

Je n'aurais voulu voter aucun article de la Constitution s'il ne fût rattaché d'une manière positive à la souveraineté populaire.

Aucune puissance humaine ne m'eût fait dévier de cet engagement sacré; aucune intimidation factieuse ne m'eût fait sortir du prétoire où je serais entré par la volonté du peuple.

Messieurs les Représentants,

Ce que j'aurais dit et fait, vous l'avez tous pensé et vous êtes prêts à l'accomplir. Je ne saurais me le dissimuler, vous avez accepté une immense responsabilité, car vous vous chargez de régler les destinées de la France, au moment où ses finances délabrées crient en vain merci devant des bourses vides, ou devant quelques bourses devenues récalcitrantes par la stupeur.

Au moment où notre commerce tombe en ruines sous le coup des banqueroutes qui l'écrasent, et où il cherche sans succès à tendre une main défaillante à la confiance qui le fuit ;

Au moment où la consternation absorbe tous les esprits, et où la misère tourne ses regards sombres sur dix millions de bouches affamées.

Toute l'Europe a les yeux fixés sur vous ; tous les hommes de paix et de concorde, tous les véritables amis de la liberté placent dans vos décisions leur dernière espérance ; j'ai la foi qu'elle ne sera pas trompée. J'ai la foi que le bon droit, que votre courage, que votre énergie finiront par triompher des mauvaises passions.

Vous voudrez léguer à vos neveux un exemple mémorable de sagesse et de prudence dans la forme du nouveau gouvernement. Vous voudrez empêcher les ambitions de surgir à chaque instant et la soif du pouvoir de ne vous laisser ni repos ni trève.

Vous travaillerez , sans moyens violents, à anéantir toutes les passions , toutes les réactions possibles ; à confondre toutes les opinions, à détruire tous les éléments de discorde. Alors vous verrez bientôt renaître la confiance et avec elle le crédit; alors vous verrez l'industrie prendre un nouvel essor et le commerce sortir de sa torpeur; alors l'ouvrier honnête et probe ne manquera plus du travail si nécessaire à ses besoins , et , désillusionné des utopies dont on l'a vainement bercé , il comprendra que ce n'est pas au milieu des perturbations qu'il peut espérer d'améliorer son sort.

Quand je dis l'ouvrier honnête et probe , je signale la grande majorité des travailleurs qui rougissent de devoir leur pain aux aumônes de la patrie. Pour la paresse et la débauche , armées de théories impuissantes et tellement impuissantes qu'elles se sont évanouies dans

les mains même de ceux qui les avaient formu-
lées , elles ne pourront plus trouver d'écho et
se verront contraintes de rentrer dans leurs
conditions ordinaires.

Tels sont , Messieurs les Représentants du
peuple , les espérances et les vœux sincères
d'un républicain du lendemain.

Constitution Démocratique.

———

Ce n'est ni l'ouvrage d'un jour, ni l'ouvrage d'un homme. J'use cependant ici du droit qu'a chaque citoyen d'apporter sa pierre à l'édifice.

J'ai demandé que le nombre des ministres fût réduit au plus à cinq, parce que tout leur pouvoir devant se borner, sur leur responsabilité personnelle, à la simple exécution des lois, il en résulterait une plus grande harmonie et plus de facilité pour surveiller leur conduite.

Je voudrais d'un autre côté que la représentation nationale se divisât en deux chambres, émanées toutes deux du même principe, ayant les mêmes droits, les mêmes pouvoirs. En effet ne serait-il pas à craindre que dans une réunion où la jeunesse et souvent l'inexpérience pourront prédominer, des lois bâties sur des théories pleines de nobles intentions, mais désastreuses dans leur application, ne fussent enlevées à l'enthousiasme des cœurs les plus généreux, et qu'elles ne vinssent immédiatement troubler l'ordre social, si elles n'avaient besoin de passer par une seconde sanction.

Maintenant je dis :

Tous les Français sont libres, tous sont égaux.

Sous le rapport politique, sous le rapport religieux ils ne relèvent que de leur conscience.

La liberté de discussion, la liberté de la presse n'ont aucunes limites ; la licence seule est réprimée , la calomnie poursuivie.

Le respect pour la propriété de toute nature est placé sous la sauvegarde des citoyens.

Le peuple se gouverne par lui-même. Il donne à ses représentants le droit de faire des lois, de nommer et de révoquer, à la majorité des suffrages , les ministres qui doivent les faire exécuter. Ces représentants nomment aussi les chefs des grandes administrations sur la présentation des ministres. Les chefs des administrations désignent les employés inférieurs de leur ressort, les ministres approuvent ces choix. Les ministres, sur des plaintes fondées, peuvent suspendre les employés de tous grades, dans leurs départements respectifs. Mais aucune destitution ne peut être prononcée sans en avoir référé à la représentation nationale.

Chaque commune nomme directement par le vote universel ses conseillers municipaux , ceux-ci désignent le maire et les adjoints. Elle nomme aussi , par mille habitants, un mandataire chargé de ses droits et de ses intérêts politiques.

Ces mandataires , réunis au canton , nomment le juge de paix ; réunis au chef-lieu d'arrondissement, nomment le sous-préfet ; réunis au chef-lieu de département, nomment les représentants du peuple , le préfet et les conseillers généraux.

Chaque département aura autant de représentants dans les deux assemblées nationales qu'il compte de fois soixante mille habitants.

Les représentants des deux assemblées nationales sont nommés pour trois ans , par les mandataires des communes, à la majorité des suffrages ; mais ils pourront être rappelés à la fin de chaque session , sur la demande motivée de la moitié plus un de ces mêmes mandataires.

Les mandataires des communes se réunissent tous les ans au chef-lieu pour s'entendre sur la conduite des membres qu'ils ont envoyés à la représentation nationale et pour examiner la gestion des fonctionnaires du département.

Les deux assemblées nationales ont les mêmes droits, elles tiennent toute leur puissance de la nation.

Il sufit pour faire partie de la première d'avoir 25 ans accomplis.

On ne peut faire partie de la seconde avant d'avoir assisté à trois sessions dans la précédente, ou d'avoir atteint l'âge de 35 ans.

Aux représentants seuls du peuple appartient le droit de déclarer la guerre, de faire les traités de paix , d'alliance et de commerce.

Nulle loi ne peut recevoir son exécution avant d'avoir été discutée et votée par la majorité des deux représentations nationales.

Les projets de loi sont présentés par les ministres sur la demande de l'une des deux assemblées.

Ils sont d'abord présentés à la première chambre, s'ils sont rejetés on ne peut les reproduire sous la même forme.

Aucun impôt ne peut être établi ni perçu sans avoir été consenti par les deux Assemblées nationales et pour une année seulement.

Les séances des deux chambres sont publiques.

La justice émane du peuple français , elle se rend en son nom.

Les juges des cours d'appel et des tribunaux ordinaires jouissent de l'inamovibilité comme une garantie nécessaire à leurs consciences.

Nul nouveau membre de ces cours et tribunaux ne peut être appelé à un siége vacant s'il n'est agréé par ses collègues.

Je voudrais enfin , comme garantie de la sécurité publique , qu'un article spécial de la constitution autorisât l'assemblée nationale à se transporter dans une des villes centrales de la France et à y transporter le siège du gouvernement, si , par la suite, une émeute révolutionnaire à Paris venait à s'emparer momentanément du pouvoir. Je voudrais encore qu'en cette circonstance extrême, tout acte des fonctionnaires de l'État, contraire aux décisions de l'assemblée, fût déclaré d'avance attentatoire aux droits et et aux libertés du peuple et qu'il fût puni selon toute la rigueur des lois.

—

J'ai jeté ici une esquisse rapide , j'ai dit ailleurs ce que je voudrais prévoir encore.

Avec une constitution arrêtée sur de semblables bases , sur des bases où respire la démocratie la plus complète , je ne sais si je me fais illusion mais je crois qu'on verrait renaître instantanément la confiance ; quant à moi , certain d'avoir mis un frein à la foule des ambitions qui s'agitent sans cesse pour s'accrocher au pouvoir, j'y trouverais du moins une garantie contre les réactions qui semblent nous menacer.

Un dernier mot.

—

Si je ne m'abuse, j'ai demandé la garantie des plus grandes libertés auxquelles un peuple puisse aspirer ; j'ai demandé l'égalité dans tout ce qu'elle a de possible et de juste ; j'ai demandé la fraternité dans toute l'acception de sa noble origine.

J'ai demandé la part la plus large de souveraineté qu'un peuple puisse ambitionner ; j'ai réduit le rôle des hommes d'État à celui de simples gens d'affaires chargés des intérêts de la Nation.

J'ai proposé les moyens de détruire tous les germes de la corruption. Je demande que la Révolution de 1848 ne puisse être considérée comme un acte de piraterie et qu'elle sorte entièrement purifiée de toutes les souillures du passé.

Si tels sont les sentiments des républicains de la veille, je leur tends la main et je m'enrôle sous leur drapeau. Si au contraire la révolution de 1848 qui n'a pas été faite par tous, ne devait pas s'organiser au bénéfice de tous, je gémirais sur le sort prochain de la France et j'espérerais des temps meilleurs.

—

Le Mans, Imprimerie de GALLIENNE.